Gesegnet von Gott

Teil II

Oscar Garcia Fernandez

Gesegnet von Gott

Teil II

Oscar Garcia Fernandez

© 2019 Oscar Garcia Fernandez

Herstellung und Verlag:
BoD – Books on Demand, Norderstedt

ISBN: 978-3-7431-7662-1

Vorwort

Dieses Buch brauchen Sie nicht ganz zu verstehen. Es reicht, wenn ein Gedanke Ihr Leben positiv verändert.

Gedanken und Weisheiten eines von Gott gesegneten Menschen.

Oscar Garcia Fernandez,

Wuppertal 2019

Wir predigen Jesus den Gekreuzigten. Für die einen ein Wahnsinn, für die anderen Gottes Kraft.

Früher hat man die Christen ins Gefängnis geworfen, heute steckt man sie in die Psychiatrie.

Buddha war ein Teufel, die Dämonen sind erleuchtet. Menschen können so was nicht, sie haben ein Gehirn. Die Dämonen nicht.

Für die Christen in den Psychiatrien, wisset, dass es Menschen in der ganzen Welt gibt, die für euch beten, auch wenn es die Kirchen und Gemeinden nicht tun.

Der Menschensohn hat nirgendswo einen Platz gehabt, wo er sein Haupt niederlegen kann. Mit anderen Worten, er hatte nirgendswo einen Platz, wo er sich ausruhen konnte. Das verstehen nur Christen.

Liebe, Arbeit und Familie. Damit macht der Teufel die Hälfte der Christen verrückt. Lasst euch nicht täuschen, wenn ihr Tabak und Kaffee habt, lasst euch genügen.

Jesus ist nicht in einem Stall geboren, weil das so süß war, sondern weil keiner ihn aufnahm. Fast wäre der Herr der Herrlichkeit auf dem Bürgersteig geboren.

Das Wunder der Natur ist ein Wunder und wird immer ein Wunder bleiben. Wo ist die Seele des Menschen vor der Geburt? Sie ist weder bei der Mutter noch beim Vater. Weder im Sperma noch in der Eizelle. Also wo kommt sie her?

Ich nehme mein Leben ernst.

Ja, ich nehme mein Leben ernst. Ich habe nur eins. Das heißt nicht, dass ich keinen Humor habe.

Lieber eine Garage im Himmel, also auf Erden im 5-Sterne-Hotel.

Wenn Christ-Sein eine Krankheit ist, muss ich wohl sehr krank sein.

Gehe und sündige nicht mehr, dass dir nicht etwas Schlimmeres widerfährt (aus der Bibel).

Das gilt für alle Christen.

Die Macht der Lüge ist die Angst. Die meisten Lügen kann man nur mit Angst aufrechterhalten. Angst ist ein gutes Mittel, um ein Volk zu kontrollieren.

Jesus hat Judas gehasst. Ich glaube nicht, als er ihn verflucht hat und gesagt hat, es wäre für ihn besser, nie geboren zu sein. Ich glaube nicht, dass es was Einzelnes war. Jesus hat Judas geduldet, nicht geliebt. An einer anderen Stelle in der Bibel steht: Jakob hab ich geliebt, Esau hab ich gehasst. Gott liebt nicht die Bösen, er duldet sie. Das kann man auch erkennen, als Paulus von den Gefäßen spricht. Ihr fragt euch, was soll das mit Gut und Böse. Ich weiß nur eins: Das alles dient der Herrlichkeit Gottes. Ich weiß nicht, wo das steht, dass ein Christ doof und lieb sein muss. Wie gesagt, ich hab in der ganzen Bibel noch nie einen Doofen gefunden. Und die Bibel ist voll von der Weisheit Gottes. Am Ende der Welt wird das Unkraut vom Weizen getrennt. Das ist der Tod der bösen Menschen. Die Bösen wollen, dass die Guten sterben.

Die Guten wollen nicht, dass die Bösen sterben. An einer anderen Stelle schreibt Paulus, dass er für die Bösen in die Hölle gehen würde. So sehr hat er seine Brüder und Schwerstern nach dem Fleisch geliebt. Was für eine Liebe.

Am Ende der Zeit kommen die Bösen in die Hölle. Die Hölle gibt es, glaube ich, noch nicht. Jetzt gibt es in dem Sinn, glaube ich, nur die Unterwelt. Erst, wenn am Ende der Zeit die Bücher des Lebens aufgeschlagen werden, wird es keine Unterwelt mehr geben, sondern nur die Hölle. Ich kann mir vorstellen, dass die Hölle der ewige Tod ist.

Man fragte mich, warum es Kriege, Hungersnöte in der Welt gibt. Ich weiß nicht viel darüber. Ich weiß nur, dass alles, was ist und nicht ist, für die Kinder Gottes erschaffen worden ist.

Jetzt erkenne ich nur stückweise, später werde ich erkennen, wie ich erkannt worden bin (aus der Bibel).

Jesus kam auf einem Maulesel nach Jerusalem. Wenn er wiederkommen wird, wird er nicht mehr auf einem Maulesel kommen, sondern in der Macht seiner Stärke.

Laut Bibel, wie gesagt, ich glaube das, ich bin mir nicht sicher, gibt es drei Auferstehungen. Einmal, wo

Paulus schreibt, als er in Ketten lag, ich möchte direkt zu Jesus.

Eine andere Auferstehung ist, wo die Offenbarung schreibt über ein Volk, das keiner zählen konnte, das dem Herrn nachfolgt.

Und eine andere Auferstehung, wo die Bücher des Lebens aufgetan werden.

Und dazu kommt noch die Unterwelt, wo Jesus, nachdem er gekreuzigt wurde, hinkam und den Toten das Evangelium predigte.

Gott ist kein Ding, Gott ist eine Person.

Ich gehe in jede Institution, Gemeinde, Kirche oder sonst etwas, wo das apostolische Glaubensbekenntnis gepredigt wird. Möge der Pfarrer, Priester oder Pastor oder was auch immer noch so ein Teufel sein. Ich sage aber nicht zu allem mein Amen. Wenn zum Beispiel die Katholiken anfangen mit der heiligen Maria Mutter Gottes, schweige ich und das war's dann.

Der größte Freund von Glück ist Dankbarkeit. Und einer der größten Feinde ist Geiz.

Eins habe ich festgestellt: Die meisten Propheten in der Bibel sind nicht fromm und doof. Sie sind weise, lieb, stark, gerecht und dankbar.

Das Beste, was ich kenne, ist ein liebevolles, starkes, weises Herz und Dankbarkeit. Ein solches Herz hat immer Glück.

Ich dachte früher immer, alle Menschen kochen nur mit Wasser. Das stimmt nicht. Es gibt sehr edle Menschen und sehr asoziale.

Gott denkt man nicht, Gott lebt man.

Den Teufel erkennt man immer dem gleichen, er lügt. Er ist der Vater der Lüge.

Zu den Gemeinden und anderen Institutionen sage ich, ihr Schlangenbrut. Ihr selbst geht nicht hinein und die hinein wollen, lässt ihr nicht hinein (aus der Bibel).

Du machst mich klüger als die Klugen und weiser als die Weisen.

Man sagt, wer schläft, sündigt nicht.
Ich kenne nur einen, der sündigt und
das ist der, der schläft.

Wenn wir es schon so schwer haben,
was wird aus denen werden, die
nichts mitkriegen.

Wir reden von der Weisheit Gottes,
nicht von der Weisheit dieser Welt,
die vergeht.

Der Herr nennt die Menschen nicht gut oder böse, denn gut ist nur Gott. Er sagt immer, ein törichter und ein kluger Mensch. Ich habe halt den Namen böse genommen.

Wenn der Chef von den Bayer-Werken schon so eine Herrlichkeit auf Erden hat, wie viel mehr wird eine Garage im Himmel an Herrlichkeit haben.

In der Welt habt ihr Angst, aber seit getrost, ich habe die Welt überwunden (aus der Bibel).

Im Mittelalter drohte die einzige wahrhafte, heilige und absolute Kirche Gottes, so nannte sie sich, mit einem ewigen Feuer, für die, die sich gegen sie stellte. Es war furchtbar, ein eigenständiges Denken zu haben. Wir kennen nur Martin Luther, aber es gab viele, die sich gegen die absolute Kirche Gottes stellten. Die meisten hat man gekreuzigt, verbrannt oder geviertelt. Da müssen Sie sich vorstellen, was für eine Angst regierte. Die Ermordung und dann ein ewiges Feuer. Wie gesagt, die Macht der Lüge ist die Angst. Jetzt können Sie sich vorstellen, was für eine Angst ein Islamist überwinden muss, um sich zum Christentum zu bekehren. Die echten islamischen Frauen, nicht die

Mitläufer, tragen ein Kopftuch, nicht, weil sie Gott eine Freude machen wollen, sondern aus Angst.

Siebzig Jungfrauen im Paradies für einen ermordeten Christen. Arme Jungfrauen.

Man sagt, Hitler hätte die Juden verfolgt und gehasst, weil sie das ganze Geld hatten. Das stimmt nicht. Selbst als sie kein Geld mehr hatten, wurden sie verfolgt und ermordet. Sogar als der zweite Weltkrieg schon verloren war, hat er sie immer noch verfolgt und ermordet. Hitler war ein

Teufel und hasste das Volk Gottes bis aufs Blut.

Die zwölf Apostel waren nicht zwölf hergelaufene Obdachlose, sie waren auserwählt eh Anbeginn der Welt.

Ich habe schon mal Morddrohungen vom Islamischen Staat gekriegt. Eine Freundin von mir meinte, ich hätte wenig Angst, weil ich nichts zu verlieren hätte. Das stimmt. Wenn mein Leben wenig ist, dann weiß ich es auch nicht. Aber ich bin froh, dass ich nichts zu verlieren habe. Als ein Reicher Jesus nachfolgen wollte, ging er traurig weg, denn er hatte viel zu verlieren.

Die meisten Christen sind Kopf-Christen und an den meisten hat Gott kein Gefallen. Der Glaube sitzt nicht im Kopf, sondern in der Seele. Gott hat keinen Verstand oder Gehirn. Wenn ihr Gott liebt, nicht mit menschlicher Liebe, sondern mit himmlischer Liebe, um alles andere kümmert sich Gott. Aber wenn ihr diese Liebe nicht habt, nimmt wenigstens die Furcht. Sie ist besser als gar nichts. Mit der Furcht Gottes ist nicht Angst gemeint, sondern Respekt. Als Petrus zu Jesus meinte, lass uns nicht nach Jerusalem gehen, dass dir nicht so was Schlimmes widerfährt. Jesus hatte ihm erzählt, dass er in Jerusalem viel erleiden musste. Da erwiderte Jesus, weg mit dir Satan, zu Petrus. Da sieht man bei Petrus die menschliche Liebe. Die menschliche Liebe und die göttliche Liebe liegen im Streit seit der Schöpfung.

Dauernd habe ich den Teufel am Hals. Er sagt mir, wenn ich einen Fehler mache, werde ich verdammt. Das ganze katholische und evangelische Gesangbuch ist voller Fehler und da soll ich keine Fehler haben. Ich bin nicht vollkommen, aber ich jage ihr, der Vollkommenheit, nach, wie Paulus schreibt.

Man fragte mich, was der Unterschied ist, zwischen einem Menschen der schläft und einem Menschen der wacht. Ich sagte, ein Mensch, der wacht, sucht Gott. Seit der Schöpfung ist der Mensch getrennt von Gott und es liegt in seiner Natur, Gott zu suchen. Es gibt nichts, was der Teufel mehr hasst, als ein Mensch der sucht. Du darfst so viel finden, wie du willst. Da hat der Teufel nichts gegen. Du darfst nur nicht suchen.

Ich habe manchmal Angst, ich mach es aber trotzdem. Liebe wird aus Mut gemacht. (Zitat)

Ich weiß nicht, warum böse Menschen denken, nette Menschen seien doof. Ich weiß nicht, woher das kommt.

Sucht euch Leute, die im Himmel auch was zu sagen haben. Wie geschrieben steht, macht euch Freunde mit dem bösen Mammon, damit sie euch in ihre Häuser aufnehmen.

Kommt her, ihr Gesegneten meines Vaters und erbt das Reich, das für euch bestimmt war ehe Anbeginn der Welt (aus der Bibel).

Kopftuch ist nicht nur eine Kopfbedeckung. Es ist ein Symbol für Elend und Leid, das von Generation zu Generation weitervererbt wird. Im Islam ist jede Form von Liebe untersagt. Die Frauen werden schon mit vierzehn Jahren an Männer versprochen, die sie nicht kennen. Können Sie sich vorstellen, mit einem Mann verheiratet zu sein, den Sie vielleicht hassen und jeden Abend mit ihm ins Bett gehen. Hier hat das Leid keine Grenze. Können Sie sich vorstellen, dass sie Ihre Tochter an irgendeinen Perversen geben.

Du vergewaltigst lieber eine Frau, als dass du ins Bordell gehst. Du krankes Arschloch.

Wie manche Menschen mit ihrem Leben umgehen, ist Sünde. Die meisten Menschen leben nicht, sie vegetieren vor sich hin. Das Leben ist ein Geschenk. Man sollte bewusst damit umgehen. Dazu kommt noch, dass die meisten Menschen ihr

Leben lang mit Händchenhalten beschäftigt sind. Dass wir in Freiheit und Wohlstand leben, ist nicht selbstverständlich. Das habt ihr vielen zu verdanken, die dafür ihr Leben gelassen haben. Allein dafür, dass wir nicht in einer Diktatur und Angst leben, verdanken wir Millionen Menschen, die im zweiten Weltkrieg ihr Leben gelassen haben. Also esst von den Früchten dieser Welt und genießt sie.

In anderen Staaten kann man das nicht. Da darf man nicht man selbst sein. Da regiert die Angst.

Der Tisch bei uns ist reich gedeckt und obwohl es für viele zugänglich ist, essen nur wenige davon. Die meisten Menschen sind das Fressen, was sie fressen, nicht wert. Genauso gut könnte man es den Schweinen geben. Die würden sich wenigstens freuen.

Also genießt euer Leben und esst. Glück ist nicht selbstverständlich.

Ihr müsst nicht dauernd damit beschäftigt sein, euch anzupassen. Lebt euer Leben, wie Gott es euch geschenkt hat. Und wollt nicht andauernd das haben, was ihr nicht habt. Also lebt bewusst und lebt. Es ist nicht selbstverständlich.

Haltet euch von Leuten fern, die euch runterziehen. Meistens sind das Angehörige oder Familie, die nicht einmal den Dreck unter den Fingernägeln gönnen. Manchmal lassen diese Familienangehörigen nicht in Ruhe, so dass es manchmal besser wär, die Stadt zu wechseln.

Gott will nicht, dass wir wie Mönche leben und auf alles verzichten. Als Jesus gegessen und getrunken hat, nannte man ihn einen Fresser und Trunkenbold.

Für die Verbitterten kenne ich keine Medizin. Jammern ist das einzige, das ein bisschen den Schmerz lindert.

Denn wer hat, dem wird noch mehr gegeben werden. Und wer nichts hat, dem wird auch das genommen werden (aus der Bibel).

Jammern ist auch ein Feind von Glück. Also esst und lebt. Hiob hat selbst, als man sein Vermögen genommen hatte, nicht gejammert. Selbst, als man seine Familie genommen hatte, hat er auch nicht gejammert. Erst, als er überhaupt nicht mehr konnte, hat er gejammert. Jesus dankte selbst, als er Blut geschwitzt hat. Also seid dankbar.

Und glaubt nicht den Massenpredigern, die ihre Stimme verstellen, um anzugeben, sie seien vom heiligen Geist erfüllt. Mit schwachsinnigen Reden und menschlicher Weisheit verführen sie die Herzen der Arglosen. Wenn sie könnten, würden sie auch die Auserwählten verführen. Aber das können sie nicht. Hier ist der Spruch wahr; viele sind gerufen, nur wenige sind auserwählt. Wer Christ sein will, muss leiden. Christus ist nicht gekommen, um zu feiern, sondern um zu leiden. Denkt ihr, es kommt darauf an, ob man sechsundzwanzig Sünden die Woche hat oder sechsunddreißig. Der Weg ist das Ziel, aber den Weg muss man erst mal finden. Und breit ist der Weg, der zur Verdammnis führt. Kämpfen müssen wir. Den Sieg schenkt uns Christus. Auch eine meist benutzte Waffe des Teufels ist, es geht um alles oder nichts. Diesen Kampf hat schon Christus gewonnen.

Ich verrate euch ein kleines Geheimnis. Ein Arzt kann euch nur wehtun, wenn ihr ihm vertraut. Egal in welcher Branche. Ihr sollt euch behandeln lassen, aber nicht die

Verantwortung abgeben. Ich weiß, manchmal geht es nicht anders. Nicht selten kommt einer mit Zahnschmerzen ins Krankenhaus und geht mit einem Bandscheibenvorfall wieder raus.

Natürlich habe ich Fehler. Ich neige zu Größenwahn. Als mir Gott die Hand gab, dachte ich, mir gehört die ganze Welt. Paulus hat Epilepsie gekriegt, damit er sich nicht überhebe.

Ich weiß nicht, wie ihr das macht. Aber lasst euch das Glück in dieser

Welt nicht auszahlen. Denkt an die Geschichte von Lazarus aus der Bibel.

Wenn wir in diesem Leben auf Gott hoffen, sind wir die elendsten aller Menschen.

Über zwei Sachen diskutiere ich nicht. Über Geld und über Gott. Ich mache über alles Witze, außer über Gott oder über Rassismus. Ich konnte noch nie ein Schwätzchen halten über Gottes Blut, Leben und Tod.

Glaube kann man nicht lernen, er wird einem geschenkt. Noch nie hat der Verstand ein Wort Gottes erfasst. Der Verstand hilft, das ist aber auch alles.

Warum redet Gott immer vom Glauben und nicht vom Wissen. Weil unser Kopf zu klein ist, die Wahrheit zu verstehen. Wenn du die Wahrheit begreifen wolltest, wärest du in kurzer Zeit durcheinander.

Der Himmel ist eine Welt, wo die Liebe regiert ohne Wahnsinnige. Man fragte mich, was ein

Wahnsinniger für mich sei; ein Wahnsinniger ist für mich ein Mensch, der einem Kind die Augen ausstechen kann und danach mit seiner Frau kuschelt. Wahnsinnige verkehren nicht in der Psychiatrie, auch keine Psychopathen.

Ich weiß nicht, diese Gabe, die Massen zu begeistern, ob sie von Gott kommt. Die Beatles hatten sie, Elvis hatte sie, Hitler hatte sie und viele andere. Die Propheten in der Bibel hatten sie nicht. Wie gesagt, ich bezweifle, ob diese Gabe von Gott kommt.

Loslassen ja, vergessen nein.

Die Freikirchler haben auf alles eine Antwort, möge sie noch so doof sein. Als wäre es Sünde, etwas nicht zu wissen.

Schwirrt bei der Hochzeit nicht etwas, das ihr zu neunundneunzig Prozent nicht halten könnt, die Engel hören euch zu. Gestaltet ihr selbst den Schwur, so dass ihr ihn einhalten könnt, so dass er euch zum Segen wird und nicht zum Fluch

Ihr müsst nicht gut tun, ihr müsst gut sein. Dein Willen, o Herr, tu ich gerne. An einer anderen Stelle heißt es; und würde ich meinen Leib verbrennen lassen und meine ganze Habe den Armen geben und hätte die Liebe nicht, so wäre ich wie eine verrostete Schelle.

Im Islam dürfen Frauen nur kochen und Kinder kriegen. Würde gerne wissen, wie sich eine Frau im Islam in der Burka fühlt. Islamistische Frauen respektiert man nicht, höchstens eine Portion Mitleid.

Viele Menschen denken, Christen müssten auf den Knien leben. Das stimmt nicht. Ich weiß nicht, woher diese These kommt.

Wer Vater, Mutter oder Tochter mehr liebt als mich, ist meiner Liebe nicht wert (aus der Bibel). Das könnt ihr wörtlich nehmen.

Selig der Einsame, der an Gott glaubt, denn er hat mehr Freunde als der von der Welt.

Wer mein Brot aß, tritt mich mit Füßen (aus der Bibel).

Ich weiß nicht, woher das kommt. Christen müssen lieb, fromm und doof sein und dürfen keine eigene Persönlichkeit haben. Ich kenne keinen in der Bibel, der fromm und doof ist.

Wie gesagt, Jesus hat Judas auch nicht geliebt. Er hat ihm auch nicht verziehen, eher verflucht. Er hat nicht geliebt, er hat in geduldet. Gott liebt nicht die Bösen, er duldet sie.

Für den Gerechten ist nichts Sünde. Für den Ungerechten ist alles Sünde, egal was er denkt und macht.

Für den Reinen ist alles rein. Für den Unreinen ist alles unrein, egal was er denkt und macht.

Die meisten Christen sind in den Händen des Satans. Da kommen sie auch so leicht nicht mehr raus. Ob Freikirchler, Katholiken oder Evangelen.

Die meisten Menschen werden gerichtet, nicht nach dem, was sie gemacht haben, sondern nach dem, was sie nicht gemacht haben.

Eine falsche Mutter oder Tochter werdet ihr ein Leben lang nicht mehr los.

Ich hatte Schwierigkeiten zu verstehen, wie Gott ein Mensch sein kann. Gott ist kein Mensch, er hat nur Menschengestalt angenommen. Im Himmel sieht Jesus ganz anders aus. Jesus hatte ein Gehirn. Gott hat kein Gehirn. Ich dachte früher, Gott wäre ein Ding, wie die Sonne. Das stimmt nicht. Er ist zwar kein Mensch, aber er ist eine Person und kein Ding.

Nur die, die der Geist Gottes treibt, sind seine Kinder. Gottes Gaben kann man nicht lernen. Sie werden einem geschenkt. Gottes Gaben können Gott nicht gereuen.

Wer hat, dem wird noch mehr gegeben. Und wer nichts hat, dem wird das auch noch genommen.

Jesus gibt es. Aber wer hat dir gesagt, Affe, dass du in den Himmel kommst. Meinst du, alle, die Jesus schreien, kommen in den Himmel. Nur die nach seinem Ratschluss berufen sind.

Die größte Sünde, die es beim Islam gibt, ist nachdenken.

Lieber mit einem Schlafsack im Wald mit dir, als in einer Penthouse-Wohnung ohne dich, Herr. Das könnt ihr wörtlich nehmen.

Wenn ihr nicht verfolgt werdet, dann stimmt etwas mit eurem Christen-Leben nicht. Wer Christ sein will, muss Verfolgung erleiden (aus der Bibel). Die Toten lässt der Teufel in Ruh. Lasst die Toten ihre Toten begraben (aus der Bibel).

Folge deinem Herz und deiner Seele und sie werden dich zu Gott führen. Wenn du auf andere hörst, hast du nie eine Chance gehabt.

Im Detail sitzt der Teufel.

Gott ist keine Emotion.

Wussten Sie, dass Liebe eine Intelligenz ist. Bestimmt nicht. Das ist genauso als würde man einen Affen Algebra beibringen.

Ohne fremde Hilfe von oben läuft hier gar nichts.

Islam ist ein Gefängnis, das von Generation zu Generation weiter vererbt wird. Und wenn einer versucht auszubrechen, droht ihm die Todesstrafe oder die ewige Verdammnis.

Ich weiß nicht ob es Zufall war oder nicht. Ich habe in meinem Leben zehn bis zwanzig Buddhisten kennengelernt und alle waren wahnsinnig. Scheint eine Lieblingsreligion für Wahnsinnige zu sein. Genau wie der Islam für Böse ist. Im Buddhismus gibt es kein Gut und kein Böse, mit anderen Worten, man hat kein Gewissen. Wahnsinnige haben kein Gewissen. Im dritten Reich waren viele Buddhisten. Wie gesagt, man bekämpft nicht das Böse, man deckt es auf. Ich frage mich, wie man wahnsinnig wird. Wahrscheinlich kommt man als Wahnsinniger in die Welt. Das ist alles schön und gut, aber diese Leute dürfen nicht mehr an die Macht kommen. In manchen Ländern sind sie an der Macht. Sie stellen sich gerne als Engel des Lichts dar, aber das Verstecken-Spielen wird immer schwieriger, durch Internet, Handy, Fernseher und alles, was es sonst noch an Medien gibt. Welcher Politiker stellt sich dahin und sagt, er wäre ein Mörder. Selbst Hitler hat sich als Engel des Lichts hingestellt.

Du bist unsterblich bis zu dem Tag, an dem du stirbst. Das wusste auch Jesus. Er war dauernd in Lebensgefahr und hatte nie Angst. Als er aber dran war, wusste er, jetzt bin ich dran und dann bekam er auch Angst.

Man fragte mich, warum ich in die Kirche gehe, das sind doch alles Verbrecher. Wenn es so ist, darf ich auch keinen Kaffee trinken, damit unterstütze ich das Ausbeuten von Kindern. Ich darf kein Fleisch essen, wegen der Massentierhaltung. Dort quälen sie tausende von Tieren zu Tode. Tiere sind keine Pflanzen, sie kriegen alles mit. Ich darf kein Auto fahren, weil ich damit die Luft meiner Kinder verpeste, und und und.

Was viele nicht wissen, ist, dass die Willenskraft sich abnutzt. Sie ist wie die Konzentration, da hat der Mensch nicht so viel er will, sondern sie nutzt sich auch ab. Die Konzentration aber erneuert sich beim Schlafen. Morgens hat man wieder hundert Prozent Konzentration. Die Willenskraft erneuert sich nicht beim Schlafen. Ich sehe immer die Leute, wenn sie in Therapie gehen; ich suche mir eine neue Wohnung, ich höre auf zu trinken, vielleicht suche ich mir sogar einen kleinen Job und können mit der Faust fast die Wand einschlagen.

Nach drei Wochen; ich weiß nicht, … ich würde ja gerne, … aber ich glaube, ich weiß nicht. Man sieht, dass die ganze Willenskraft aufgebraucht ist. Ich weiß es nicht, aber ich glaube, es gibt bestimmte Methoden, wie bei der Konzentration der Schlaf, die Willenskraft aufzubauen.

Es gibt immer Menschen, die sich für diese Welt einsetzen. Und solche, die sie zerstören wollen. Wer nichts macht, zerstört sie.

Man fragte mich, woran man einen faschistischen Staat erkennt. Hauptsächlich erkennt man ihn an den Künstlern, Musikern, Schriftstellern, Journalisten usw. Aber auch an den Psychiatrien.

Und zum Hinduismus brauche ich nicht viel zu sagen. Da verhungern die Kinder auf dem Bürgersteig. Können Sie sich vorstellen, Sie gehen mit zweitausend Euro in der Tasche und neben Ihnen verhungert ein Kind, weil es keine zwanzig Cent für eine Suppe hat. So was ist in Indien Alltag. Und das geht schon über die Jahrtausende so.

Ich bin keine Religion, ich bin Christ. Ich folge Christus nach, keiner Religion.

Ich weiß nicht, ob die Freikirchler in den Himmel kommen. Aber wenn sie in den Himmel kommen, werden sie die Kleinsten aller Kleinen sein. Weil sie so sehr die menschliche LIEBE lieben. Gott hasst die menschliche Liebe.

Ich nehme mein Leben ernst. Ich hab nur eins. Da gibt es kein, ich habe es nicht gewusst.

Möge ich andere belügen, mich belüge ich nicht.

Du musst das Leben leben, das dir Gott geschenkt hat. Mit einem Bein, wenn du nur ein Bein hast, und mit zwei Beinen, wenn du zwei Beine hast. Du musst nicht immer das Leben anderer leben wollen.

Noch was, was der Islam gemeinsam hat. Sie können nicht die Wahrheit sagen. Dazu sind sie verdammt.

Die meisten Menschen leben nicht,
sie vegetieren nur vor sich hin. Ob
mit Kindern oder ohne Kinder.

Das Wort des Glaubens ist ein
Wahnsinn für die, die verloren
gehen.

Am meisten foltert man in den
Psychiatrien.

Der Körper wird von den Eltern vererbt. Die Seele nicht. Wie gesagt, die Seele befindet sich weder bei der Mutter noch beim Vater, weder bei der Eizelle noch beim Samen. Ich weiß, dass die Seele im dritten Monat in das Embryo eingeht. Wo die Seele vorher ist, weiß ich nicht. Das heißt, ein Heiliger kann einen Teufel zur Welt bringen und ein Teufel kann einen Heiligen zur Welt bringen. Man fragte mich, was ist die Seele. Wenn du sagst, ich sitze hier und trinke eine Tasse Kaffee, dieses ich ist die Seele.

Ich neige zu Größenwahnsinn, ich bin nicht größenwahnsinnig. Ich finde das besser, als jeden Tag vor dem

Spiegel zu stehen und zu sagen, was bin ich scheiße.

Das Schlimmste, was ich kenne, ist Sex mit Tieren. Danach kommt Vergewaltigung. Danach Sex mit Kindern. Danach Homosexualität. Danach Ehebruch. Und an letzter Stelle kommt der Verkehr mit Prostituierten. Der Umgang mit Prostituierten ist fleischlich. Er ist aber am harmlosesten.

Manche meinen, Gott interessiert sich nicht für Tiere. Mit anderen Worten, er liebt die Tiere nicht. Der sollte den Prophet Jona lesen; sollte es mir nicht jammern über den Tod vieler Tiere (ungefähres Zitat aus dem Buch Jona, aus der Bibel). Auch Jesus sagte, wir sind viel mehr wert, als die Spatzen. Das heißt doch auch nur, dass Spatzen auch einen kleinen Wert haben.

Eine muslemische Frau darf nicht mal einen Christen heiraten. Dann wird sie von der Familie verstoßen. Das ist der Inbegriff des Schmutzigen.

Die größte Sünde im Islam ist, aus der Reihe zu tanzen. Dann wird dir nämlich der Kopf abgehackt. Diese Angst vererben sie von Generation zu Generation und sie haben auch keine Lust, sich der modernen Welt anzupassen. Der Islam hasst Weisheit. Weisheit kann man nicht lernen, sie wird einem von Gott geschenkt.

Jesus ist nicht gekommen, die Propheten aufzuheben, sondern um zu erfüllen (aus der Bibel). Das heißt, das Alte Testament ist genauso gültig wie vor Jesus Zeit.

Wenn ihr wüsstet, dass ihr zur Verantwortung gezogen werdet, ob ihr die Bahn um fünf vor oder um fünf nach genommen hättet. Da gibt es kein, ihr habt es nicht gewusst.

Ich bin nicht für das Leben da. Das Leben ist für mich da. Das schreibe ich besonders für die Moslems, aber auch für die Buddhisten.

Die Lüge muss man verstecken, sobald sie ans Licht kommt, löst sie sich auf.

Ich dachte mir, was ist das aus der Bibel, wo drin steht, Du sollst nicht begehren. Sollen wir etwa keiner Frau auf den Hintern gucken. Sollen sich die Frauen verschleiern wie bei den Moslems, mit Kopftuch und Regenmantel. Oder sollen sich nur verheiratete Frauen verschleiern, damit man ihnen nicht auf den Hintern guckt. Bestimmt nicht. Du sollst nicht begehren heißt nichts anderes als dass du nicht besessen sein sollst von etwas. Weder von den Frauen noch von sonst irgendetwas. Die Islamisten, die sich in die Luft sprengen und viele Menschen töten, sind nicht vom Islam überzeugt, sie sind besessen. Beim Besessen-Sein setzt der Verstand total aus. Auch viele Männer sind besessen von

Frauen und Frauen von Männern. Dabei würden sie nicht zögern, eine gut funktionierende Familie mit zwei Kindern zu zerstören. Ich kenne das auch vom Glücksspiel, da ist man auch besessen. Ja, besessen sein ist Sünde. Ich selber war schon einmal besessen von einer verheirateten Frau, die ein glückliches Eheleben genoss und ich war auch bereit, das glückliche Eheleben dieser Frau zu zerstören. Zum Glück hat sich die Gelegenheit nie geboten. Natürlich gesteht man sich das nicht ein, wenn man besessen ist. Die meisten Vergewaltiger sind auch besessen. Wenn man besessen ist, fehlt einem jede Art von Orientierung. Das ist Sünde. Das ist, was Gott meint, du sollst nicht begehren. Manche Menschen begehen sogar einen

Mord in dieser Besessenheit, was sie normalerweise nie tun würden.

Und die Rituale, die uns Gott in der Bibel geschenkt hat, wie z. B. die Taufe, das Abendmahl, usw. retten zwar nicht vor nicht vor dem Tod, sie sind dennoch wichtig. In diesen Ritualen liegt viel Segen. Gott hat sich schon was dabei gedacht. Und Christen können jede Art von Segen gebrauchen. Sie werden oft genug verflucht.

Einer wird Millionär, hundert Menschen sterben an Kälte oder verhungern. Das nennt man amerikanische Freiheit.

Irdisches Glück ist kein Glück.
Irdisches Glück ist ein Fluch.

Wuppertal 2019,

Oscar Garcia Fernandez

Nachwort

Mit Gott leben, ist nicht einfach. Es lohnt sich aber auf jeden Fall.

Oscar Garcia Fernandez,

Wuppertal 2019

Oscar Garcia Fernandez

Wuppertal 30. Mai 2019